MAISON

BONAPARTE

DEVENUE

IMPÉRIALE DE FRANCE

PRIX : 5 FRANCS

PARIS

CHEZ L'AUTEUR, RUE DE LA VIEILLE-ESTRAPADE, 27

1860

À SA MAJESTÉ

L'EMPEREUR DES FRANÇAIS

Son très respectueux et très fidèle sujet,

MUNIER.

1860

MAISON BONAPARTE

DEVENUE

IMPÉRIALE DE FRANCE

L'ancienneté de la maison Bonaparte dans l'ordre de la noblesse d'Italie est constatée par les documents les plus authentiques. On sait que la municipalité de Trévise s'empressa, en 1807, de présenter à l'Empereur Napoléon, à son passage en cette ville, un recueil d'anciens diplômes attestant l'existence distinguée de ses ancêtres dans cette ville, et que l'Empereur remercia ces magistrats en ces termes : « Dans ce monde, chacun est fils de ses œuvres ; mes titres, je les tiens du peuple français. » Il en avait d'autres cependant, car il est avéré que cette famille existait au moment de la fondation de la ville d'Ajaccio, en Corse, et qu'elle était propriétaire d'une partie du territoire sur lequel cette ville est bâtie.

Un certificat des nobles principaux de la ville d'Ajaccio du 19 août 1771, atteste que cette famille a toujours été comptée au nombre des plus anciennes et des plus nobles, tant de son fait que par rapport aux alliances qu'elle a contractées, avec la noblesse la plus distinguée de ce pays et de l'Italie, entre autres avec la maison de Gondi et d'Attavanti.

La branche établie en Corse avait une origine commune avec celle qui était établie en Toscane, ce qui est attesté par un acte de reconnaissance de celle-ci du 28 juin 1759 : cette branche de

Toscane jouissait du patriciat et par conséquent du plus haut degré de noblesse, comme il est constaté par un extrait de lettres patentes du 28 mai 1757, délivré par le grand-duc de Toscane.

Un arrêté du conseil supérieur de la Corse, du 13 septembre 1771, relate l'acte par lequel la famille Bonaparte de Florence, l'une des plus anciennes de la Toscane, déclare qu'elle a la même origine que celle de Charles Bonaparte d'Ajaccio (le père de l'Empereur Napoléon Ier). Ces actes, sous les dates de 1759 et de 1771, étant bien antérieurs à l'élévation de cette famille en France, ne prouvent que d'une manière bien plus évidente la véracité de leur contenu.

La maison Bonaparte, en Italie, portait pour armes de gueules à deux cotices d'argent, accompagnées de deux étoiles à six rais du même, une en chef et une en pointe.

La plupart des matériaux qui servent de base à la présente généalogie, sont extraits de l'ouvrage périodique, connu sous le nom de *Revue Rétrospective*, du mois de septembre 1834, n° 12, et du *Nobiliaire de Saint-Allais*.

I. N. BONAPARTE, vivant en 1120, fut exilé de Florence, comme servant le parti des Gibelins.

> *Ob nimiam potestatem* (à cause de sa trop grande puissance), voir le livre *del Chiodo*.

II. CURADO BONAPARTE, chevalier de l'ordre du Pape en 1170.

III. JACQUES BONAPARTE, chevalier de l'ordre du Pape en 1210.

IV. N.... BONAPARTE, syndic d'Ascoli, fut nommé commissaire pour recevoir la soumission de Monté-Gallo : il vivait en 1250.

V. BONSEMBLANT BONAPARTE, fut nommé plénipotentiaire pour faire la paix entre Trévise et Padoue, il vivait en 1279.

VI. NORDIUS BONAPARTE, podestat de Parme, vivait en 1272.

VII. PIERRE BONAPARTE, podestat de Padoue, détruisit la tyrannie des princes Caminesi qui pesait sur cette ville ; il fut chevalier de la Vierge glorieuse et vivait en 1285.

VIII. Jean Bonaparte, Ier du nom, fut nommé commissaire pour négocier la paix avec Carera ; il vivait en 1296. Il fut ambassadeur auprès du Gouvernement de la Marche et vivait en 1314.

IX. Jean Bonaparte, IIme du nom, podestat de Florence en 1333.

X. Jean Bonaparte, IIIme du nom, vivait en 1404, fut nommé plénipotentiaire pour négocier la paix avec Visconti, duc de Milan ; il épousa la nièce du pape Nicolas V, Thomas de Sarzane.

XI. César Bonaparte, élu chef des anciens de la ville de Sarzane ; il vivait en 1440.

XII. Nicolas Bonaparte, ambassadeur du pape Nicolas V près diverses cours, fut vice-gérant pour le Saint-Siége à Ascoli. Il vivait en 1454.

XIII. Jacques Bonaparte, qui a écrit l'histoire du sac de Rome : vivant en 1527.

XIV. François Bonaparte, Ier du nom ; il est prouvé par un acte de l'année 1567, qu'il fut père de :

XV. Gabriel Bonaparte qui jouissait du titre de *Messire*, qu'on n'accordait alors qu'aux nobles les plus distingués, ce qui est justifié par des actes de 1567 et 1568. Il s'établit à Ajaccio, où il fit élever des tours pour défendre la ville contre les Barbaresques et obtint plusieurs concessions de la République ; un acte de 1572 prouve qu'il fut père de :

XVI. Jérome Bonaparté, Ier du nom, qualifié dans un sénat de Gênes ; *Egregium hieronimum de Buonaparte, procuratorem nobilium*.

Il avait été élu chef des anciens de la ville d'Ajaccio, jouissant du titre de *Magnifique*, ce qui est prouvé par des actes des années 1562 et 1594 ; il était propriétaire de la Tour des Salines avec domaines et fermes aux environs, formant une appartenance noble, ainsi qu'il appert par des actes de 1597 et 1601 ; il fut aussi député de cette ville auprès du Sénat de Gênes, et fut père de :

XVII. FRANÇOIS BONAPARTE, IIme du nom, capitaine de la ville; élu ancien d'Ajaccio en 1596, avec titre de *Magnifique*; il laissa les Enfants qui suivent :

1° SÉBASTIEN, dont l'article viendra;

2° FLUVIO BONAPARTE, qui fut père de :

A. LOUIS BONAPARTE, qui épousa en 1632, Marie de Gondi, de l'illustre maison de ce nom; étant devenue veuve, elle épousa en secondes noces, en 1651, Hyacinthe Manelli, chevalier de l'ordre de Saint-Étienne.

XVIII. SÉBASTIEN BONAPARTE, Ier du nom, dont on a produit l'acte de baptême en 1603 et deux actes en 1635 et 1648, qui constatent que ledit Sébastien était noble; il était père de :

XIX. CHARLES BONAPARTE, Ier du nom; un décret du commissaire de la République de Gênes, du 1er septembre 1664, lui donne le titre de noble, et un autre acte de l'an 1681 prouve qu'il était élu ancien de la ville d'Ajaccio et qu'il jouissait du titre de *Magnifique;* il fut père de :

XX. JOSEPH BONAPARTE, Ier du nom, qui fut élu ancien de la ville d'Ajaccio, le 3 mars 1702, avec le titre de *Magnifique;* il fut père de :

XXI. SÉBASTIEN BONAPARTE, IIe du nom, élu le 17 avril 1720, ancien de la ville d'Ajaccio et jouissant du titre de *Magnifique;* il fut père de :

XXII. JOSEPH BONAPARTE, IIe du nom, élu en 1760, ancien de la ville d'Ajaccio, et jouissant du titre de *Magnifique;* il fut père de :

XXIII. CHARLES-MARIE BONAPARTE, né le 29 mars 1746; il fut baptisé sous ces deux noms, mais il ne signe que de celui de Charles les lettres-patentes de l'Archevêque de Pise, en

Toscane, lui reconnaissant le titre de noble et de patrice. Il fut nommé plusieurs fois membre de la Commission intermédiaire des états de Corse. Cette contrée ayant été réunie à la France en 1768, sous le règne de Louis XV, ses habitants envoyèrent, en 1776, au roi Louis XVI, son successeur, une députation de tous les ordres : Charles Bonaparte fut chargé de représenter celui de la noblesse du pays dans cette solennité.

C'est ce qui le fit connaître et accueillir à la cour de France. Il conduisit au collége d'Autun, en 1777, ses fils Joseph et Napoléon, et obtint pour celui-ci une place à l'École militaire de Brienne. Il mourut à Montpellier en 1785.

Il avait épousé Lætitia Ramolino, issue également d'une famille noble ; elle fut connue sous le nom de Madame Mère depuis l'élévation de Napoléon à l'empire ; les huit enfants issus de ce mariage sont :

1° JOSEPH BONAPARTE, né à Corte, le 7 janvier 1768, roi de Naples du 30 mars 1806 à 1808 ; roi d'Espagne du 6 juin 1808 à 1813, connu plus tard sous le nom de comte de Survilliers. A la chute de l'empire il se retira aux États-Unis, où il avait de vastes propriétés ; puis il s'établit en Angleterre, où il résida à Uxbridge, près de Londres. Il a épousé, le 1er août 1794, Marie-Julie Clary, née le 26 décembre 1777, sœur aînée de la reine de Suède, épouse du roi Charles-Jean Bernadotte. Il mourut le 7 avril 1845. Il fut père de :

1° ZÉNAÏDE-CHARLOTTE-JULIE BONAPARTE, infante d'Espagne, née le 8 juillet 1804, mariée à Charles-Lucien-Jules-Laurent Bonaparte, prince de Canino et de Musignano, son cousin, fils du prince Lucien. Morte le 8 août 1854.

2° CHARLOTTE-BONAPARTE, infante d'Espagne, morte

en 1839, mariée au prince Napoléon-Louis Bonaparte, son cousin, fils du roi Louis, qui mourut à Forli, le 17 mars 1831.

2° NAPOLÉON BONAPARTE (NAPOLÉON Iᵉʳ), né à Ajaccio le 15 août 1769. Empereur des Français le 18 mars 1804, sacré et couronné le 2 décembre de la même année; roi d'Italie le 26 mars 1805, protecteur de la Confédération du Rhin, médiateur de la Confédération Suisse. Il épousa:

1° Le 8 mars 1796, Marie-Rose-Joséphine Tascher de la Pagerie, veuve d'Alexandre, vicomte de Beauharnais, morte à la Malmaison le 29 mai 1814.

2° Le 2 avril 1810, Marie-Louise-Léopoldine-Françoise-Thérèse-Joséphine-Lucie, archiduchesse d'Autriche, née le 12 décembre 1791, déclarée, par le traité de Paris du 30 mai 1814, duchesse de Parme, Plaisance et Guastalla, morte en décembre 1847.

Napoléon Iᵉʳ mourut en captivité à l'île Sainte-Hélène le 5 mai 1821. Son testament contenait ces mots : « Je » désire être enterré sur les bords de la Seine, au » milieu de ce peuple français que j'ai tant aimé. » Effectivement, les derniers mots qu'il prononça furent France! France! Son génie mit un frein à une anarchie dont les suites ne pouvaient que prolonger les malheurs de la patrie.

Ses codes, ses lois, en assurant les droits de chaque citoyen, formèrent la base de notre ordre social et servent encore de type à notre législation et à notre jurisprudence.

Il avait soumis tous les rois de l'Europe et les avait forcés à reconnaître la supériorité de nos armes et l'augmentation de notre territoire. Le commerce, les sciences, les arts, protégés par sa vaste puissance et sa générosité, brillèrent sous son règne d'un vif éclat et comblèrent la France et les pays étrangers de leurs riches productions.

Enfin l'honneur et le bien de la patrie furent constamment le but de ses travaux. Il laissa de son deuxième mariage :

Napoléon - François - Charles - Joseph (Napoléon II), prince impérial des Français, roi de Rome, né le 20 mars 1811, décédé à Vienne le 22 juillet 1832.

FAMILLE ADOPTIVE DE NAPOLÉON Ier.

1° Eugène, comte de Beauharnais, fils du vicomte Alexandre de Beauharnais et de Marie-Rose-Joséphine Tascher de la Pagerie, naquit le 3 septembre 1780. Sa mère, devenue veuve, épousa en secondes noces Napoléon Bonaparte, depuis Empereur des Français, qui voua au jeune comte l'affection la plus tendre et lui tint lieu d'un second père. Il fit, avec Napoléon, les campagnes d'Italie et d'Égypte; après l'établissement du gouvernement impérial, il fut élevé à la dignité de prince français et nommé archi-chancelier d'état le 1er février 1805; puis vice-roi d'Italie et enfin reconnu fils adoptif de l'Empereur, par décret impérial du 12 janvier 1806. L'Empereur, distinguant dans ce jeune prince toutes les qualités et tous les talents qui constituent l'homme d'état et l'homme de guerre, le déclara en outre, le 20 décembre 1807, son héritier au royaume d'Italie. La guerre étant survenue, en 1809, entre la France et l'Autriche, le prince Eugène fut chargé de défendre l'Italie, conjointement avec les généraux Macdonal et Baraguay d'Hilliers; il fit en cette circonstance des prodiges de valeur et déploya l'habileté la plus consommée dans l'art militaire ; ses manœuvres ayant triomphé de toutes les entreprises des Autrichiens, il vint se joindre à la grande armée de l'Empereur qui s'était rendu maître de Vienne, et marcha de là en Hongrie, où il gagna la mémorable bataille de Raab, dans la position où, près d'un demi-siècle auparavant, Montecuculli avait remporté une victoire signalée sur les Turcs.

2° Hortense-Eugénie de Beauharnais (mère de l'Empereur Napoléon III), née le 10 avril 1783, mariée le 3 janvier 1802 à Louis Bonaparte, depuis roi de Hollande en 1806. Semblable à son auguste mère, elle ne se laissa point éblouir par l'éclat du trône : on la vit constamment protéger le malheur et couvrir d'un vif intérêt les sciences et les arts. Toujours modeste et naturelle, elle corrigeait, par la simplicité et la pureté de son âme, cette grandeur extérieure que sa position politique lui imposait.

Lors de la chute de l'Empire, les souverains alliés intervinrent pour faire établir en sa faveur le duché de Saint-Leu, reversible sur ses enfants. Lorsque l'Empereur revint de l'île d'Elbe en 1815, elle s'empressa de solliciter sa protection pour la duchesse douairière d'Orléans et pour la duchesse de Bourbon, qui étaient restées à Paris. La perte de Waterloo ayant dépouillé de nouveau la famille impériale, la reine Hortense quitta la France le 17 juillet 1815 et résida à Arnemberg en Suisse; elle est morte le 3 octobre 1837;

3° La princesse Stéphanie, née en 1789, cousine de l'Impératrice Joséphine; elle épousa en 1816 le grand-duc de Bade, dont elle eut cinq enfants; décédée à Nice, le 29 janvier 1860.

3° Lucien BONAPARTE, né à Ajaccio en 1775, prince de Canino le 18 août 1814; il épousa :

1° en 1795, Christine Boyer, morte en 1801;

2° En 1802, Alexandrine-Laurence de Blaschamps, née à Calais en 1778. Il fut père de onze enfants et mourut à Viterbe, le 25 juin 1840.

1° Charlotte Bonaparte, née en 1796, mariée au prince Romain Gabrielli, dont elle a eu un fils et trois filles;

2° Christine-Egypta Bonaparte, née en 1798, mariée en 1824 à lord Dudley-Stuart, morte en 1847; son fils, Frank Dudley-Stuart, est officier dans l'Inde;

3° CHARLES-LUCIEN-JULES-LAURENT BONAPARTE, prince de Canino et de Musignano, né à Paris, le 24 juin 1803, membre correspondant de l'Institut de France ; fondateur des congrès scientifiques de l'Italie ; il épousa le 22 juin 1822, sa cousine Zénaïde-Julie, fille du roi Joseph, dont il eut dix enfants, qui suivront. Mort à Paris en 1857 ;

4° LÆTITIA BONAPARTE, née à Milan le 1er décembre 1804, mariée à Thom. Wise, membre du parlement d'Angleterre ;

5° LOUIS-LUCIEN BONAPARTE, né à Tornigrow (Worcester), le 4 janvier 1813, élu à l'Assemblée nationale législative, le 8 juillet 1849, par 124,726 suffrages dans le département de la Seine, sénateur, prince de la famille impériale ;

6° PIERRE-NAPOLÉON BONAPARTE, né à Rome le 12 septembre 1815, chef de bataillon à la Légion étrangère en Algérie, élu en 1848, par le département de la Corse, représentant du peuple à l'Assemblée nationale ;

7° ANTOINE BONAPARTE, né à Tusculum, le 31 octobre 1816 ;

8° ALEXANDRINE-MARIE BONAPARTE, née à Rome en 1818, mariée au comte Vincent Valentini ;

9° CONSTANCE BONAPARTE, née à Bologne en 1823, religieuse au Sacré-Cœur à Rome ;

10° PAUL BONAPARTE, mort en Grèce ;

11° JEANNE BONAPARTE, mariée au marquis Honorati.

Les dix Enfants de CHARLES-LUCIEN :

1° JOSEPH-LUCIEN-CHARLES-NAPOLÉON BONAPARTE, prince de Musignano, né à Philadelphie, le 18 janvier 1824 ;

2° LUCIEN-LOUIS-JOSEPH-NAPOLÉON BONAPARTE, né à Rome, le 15 novembre 1828 ;

3° JULIE-CHARLOTTE-ZÉNAÏDE-PAULINE-LÆTITIA-DÉSIRÉE-BARTHOLOMÉE BONAPARTE, née à Rome le 6 juin 1830 ;

4° CHARLOTTE-HONORINE-JOSÉPHINE BONAPARTE, née à Rome, le 4 mars 1832;

5° MARIE-DÉSIRÉE-EUGÉNIE-JOSÉPHINE-PHILOMÈNE BONAPARTE, née à Rome, le 18 mars 1835;

6° AUGUSTE-AMÉLIE-MAXIMILIENNE-JACQUELINE BONAPARTE, née à Rome, le 9 novembre 1836;

7° NAPOLÉON-GRÉGOIRE-JACQUES-PHILIPPE BONAPARTE, né à Rome, le 5 février 1839; a épousé à Rome, le 26 novembre 1859, la princesse Christiana Ruspoli, fille de son excellence le prince Ruspoli, prince de Cerviti.

8° BATHILDE-ALOÏSE BONAPARTE, née à Rome, le 26 novembre 1840;

9° ALBERTINE-MARIE-THÉRÈSE BONAPARTE, née à Florence, le 12 mars 1842, morte le 3 juin 1842;

10° CHARLES-ALBERT BONAPARTE, né le 22 mars 1843.

4° MARIE-ANNE-ELISA BONAPARTE, née à Ajaccio, le 3 janvier 1777, princesse de Lucques et de Piombino, grande-duchesse de Toscane, mariée le 5 mars 1797 au prince Félix Baciocchi, morte au mois d'août 1820, laissant deux enfants.

1° NAPOLÉONE-ELISA BACIOCCHI, née le 3 juin 1806, mariée au comte Camerata.

2° FRÉDÉRIC BACIOCCHI, né en 1813, mort à Rome d'une chute de cheval.

5° LOUIS BONAPARTE, père de l'Empereur Napoléon III, né à Ajaccio, le 2 septembre 1778, roi de Hollande du 24 mai 1805 au 1er juillet 1810; épousa le 3 janvier 1802, la princesse Hortense-Eugénie de Beauharnais, née le 10 avril 1783, fille du premier mariage de l'Impératrice Joséphine avec le vicomte de Beauharnais et fille adoptive de Napoléon 1er, et mourut le 25 juillet 1846 : il eut trois enfants :

1° NAPOLÉON-CHARLES BONAPARTE, né à Paris, le 10 octobre 1802, prince royal de Hollande, le 5 juin 1806, mort à la Haye, le 5 mai 1807;

2° NAPOLÉON-LOUIS BONAPARTE, grand-duc de Bergh et de Clèves, né à Paris, le 11 octobre 1804. Il avait épousé sa cousine la princesse Charlotte, fille du roi Joseph. Il est mort à Forli, le 17 mars 1831, sans postérité;

3° CHARLES-LOUIS-NAPOLÉON BONAPARTE (NAPOLÉON III), né à Paris, le 20 avril 1808, élu en 1848, par quatre départements à l'Assemblée nationale. Nommé président de la République Française par 5,774,020 suffrages, le 10 décembre 1848. Elu Empereur des Français le 2 décembre 1852, par 7,439,216 suffrages. Marié, le 29 janvier 1853, à Marie-Eugénie de Gusman et Porto-Carrero, comtesse de Teba, avec grandesse en 1688, marquise de Ardales, de Ozera, de Moya, comtesse de Ablitas, de Banos, avec grandesse en 1612, de Mora, avec grandesse en 1613, de Santa-Cruz de la Sierra, vicomtesse de la Calzada, née en 1826, du comte de Montijo et de Marie-Manuele Kirck-Patrick de Glasburn.

Le 10 mai 1859, à six heures du soir, l'Empereur quitte Paris pour aller se mettre à la tête de son armée d'Italie; le 13 mai, il débarque à Gênes; le 20 mai, Montebello devient deux fois célèbre dans les annales de nos gloires militaires; le 30 mai c'est Palestro, la célèbre victoire du 3e zouaves; le 4 juin c'est Magenta, la sanglante bataille où Napoléon III donne de sa propre personne; le 8 juin c'est Marignan, et le 24 juin Solférino : cette autre bataille de géants où près de cinq cent mille hommes se heurtèrent avec acharnement, depuis cinq heures du matin jusqu'à huit heures du soir, sur une ligne de bataille de cinq lieues d'étendue : Solférino où les autrichiens écrasés nous abandonnent la Lombardie et permettent à l'Empereur de clore sa brillante campagne de deux mois, en signant, le 11 juillet, la paix de Villafranca.

A l'intérieur, même activité, même dévouement à la chose publique : une fois les rênes de l'Etat placées dans cette main ferme, c'est le Palais de l'Industrie qui s'élève, le Louvre qui se lie aux Tuileries, la rue de Rivoli qui s'ouvre et cette immense voie de Sébastopol qui traverse majestueusement la grande ville; ce sont: les Halles centrales, un édifice de bronze, léger comme un palais de Fées; le bois de Boulogne métamorphosé, Paris reculé jusqu'à l'enceinte fortifiée et ces établissements dont l'Impératrice est la divinité tutélaire, où sont reçus sans distinction les enfants, les malades et les vieillards; voilà le rameau de paix et de bénédiction intérieures que la France peut tresser au front de l'Empereur, avec les lauriers de Magenta et de Solférino.

De son mariage est né :

NAPOLÉON-EUGÈNE-LOUIS-JEAN-JOSEPH BONAPARTE, prince impérial de France, né à Paris, le 16 mars 1856.

6° MARIE-PAULINE BONAPARTE, veuve du général Leclerc, épousa en secondes noces, le 6 novembre 1803, le prince Camille Borghèse; elle fut créée princesse et duchesse de Guastalla le 30 mars 1806. Décédée sans postérité.

7° MARIE-ANNONCIADE-CAROLINE BONAPARTE, née à Ajaccio le 23 mars 1782, mariée le 20 janvier 1800, à Joachim Murat, roi de Naples, le 15 juillet 1808, morte à Florence le 18 mai 1839, sous le nom de comtesse de Lipona; de ce mariage sont nés quatre enfants :

1° NAPOLÉON-ACHILLE-CHARLES-LOUIS MURAT, prince royal des Deux-Siciles, né le 21 janvier 1801, mort le 15 avril 1847, sans postérité.

2° La princesse LÆTITIA-JOSÈPHE MURAT, née le 25 avril 1802, mariée au comte de Pepoli, décédée le 12 mars 1859 : le comte est décédé en 1851; de ce mariage sont nés quatre enfants :

A. CAROLINE PEPOLI, mariée au comte Tattini.

B. JOACHIM-NAPOLÉON PEPOLI, marquis.

C. MARIE-ELISABETH PEPOLI, mariée au prince Ruspoli.

D. Pauline-Marie Pepoli, mariée au comte Zunhini.

3° Napoléon-Lucien-Charles-Joseph-François Murat, né le 16 mars 1803, élu en 1848 représentant du peuple à l'Assemblée nationale, sénateur, prince de la famille impériale ; marié à miss Georgine-Caroline Fraser en 1831, en Amérique ; de ce mariage sont nés cinq enfants :

A. La princesse Caroline Murat, née le 31 décembre 1831.

B. Le prince Joachim Murat, né le 21 juillet 1835, capitaine de cavalerie, officier d'ordonnance de l'Empereur ; marié le 23 mars 1854, à Malcy-Marie Berthier, princesse de Wagram ; de ce mariage sont nés deux enfants dont l'article viendra.

C. La princesse Anna Murat, née le 3 février 1841.

D. Le prince Achille Murat, né en 1847.

E. Le prince Louis Murat, né à Paris, le 22 décembre 1852.

Les deux Enfants de Joachim Murat *sont :*

a. La princesse Eugénie Murat, née le 23 janvier 1855.

b. Le prince Joachim Murat, né le 28 février 1856.

4° La princesse Louise-Julie-Caroline Murat, née le 22 mars 1805, mariée au comte Razponi, à Ravenne ; de ce mariage sont nés quatre enfants :

A. Joachim Razponi.

B. Lætitia Razponi.

C. Pierre Razponi.

D. Achille Razponi.

8° Jérome BONAPARTE, né à Ajaccio le 15 décembre 1784 ; roi de Westphalie du 1er décembre 1807 au 26 octobre 1813 ; prince de Montfort, prince de la famille impériale, a épousé : 1° Élisabeth Patterson ; 2° le 22 août 1807, Frédéricque-Catherine-Sophie-Dorothée, princesse royale de Wurtemberg, née le 21 février 1783, morte le 28 novembre 1835.

De ce mariage sont nés :

1° JÉROME-FRÉDÉRIC-NAPOLÉON-LOUIS-CHARLES-FÉLIX BONAPARTE, prince de Montfort, né à Trieste, le 24 août 1814. Colonel au service de son oncle, le roi de Wurtemberg. Mort en 1847.

2° MATHILDE-LÆTITIA-WILHELMINE-FRÉDÉRICQUE-LOUISE-ÉLISA BONAPARTE, née à Trieste, le 27 mai 1820. Mariée en 1841, au prince Demidoff de San Donato, princesse de la famille impériale.

3° NAPOLÉON-JOSEPH-CHARLES-PAUL BONAPARTE, né à Trieste le 9 septembre 1822, capitaine au service de son oncle, le roi de Wurtemberg; élu en 1848, par la Corse, à l'Assemblée nationale; prince de la famille impériale, marié le 30 janvier 1859 à son altesse royale la princesse Clotilde-Maria-Thérésa de Savoie, fille du roi Victor-Emmanuel, née le 2 mars 1843.

Paris.—Imprimerie BOISSEAU et AUGROS, passage du Caire, 122-124.

www.ingramcontent.com/pod-product-compliance
Lightning Source LLC
Chambersburg PA
CBHW051458060726
47596CB00006B/2821